REBEREQUES PARA UN SUEÑO QUE SE OLVIDÓ DE DORMIR

REBEREQUES PARA UN SUEÑO QUE SE OLVIDÓ DE DORMIR

©José Miguel Martín Muñoz
©Juan Antonio Martín Muñoz (de las ilustraciones)

Editan

ZAMBRA EDICIONES
C/Francisco Cárter 1, 1º, 1ª - 29011 Málaga
zambradistribuidora@gmail.com · 655 40 02 97
http://distri.asociacionzambra.org

LIBREANDO EDICIONES
C/ Dr. Domingo González, 14 · Villa Arriba, La Orotava
922 320 176

MESTURA ESTUDIO EDICIONES
https://mestura-estudio.jimdosite.com
mesturaestudio@gmail.com · 600 278 450

Diseño e ilustraciones

Juanan Martín

Mestura estudio. Estudio Gráfico & Editorial
mesturaestudio@gmail.com

Corrección

Roberto Gil Hernández
Bicen Morales Miravalles
Jéssica Pérez Díaz

2ª Edición: Abril del 2024

ISBN: 978-84-127154-7-7
DL: S 153-2024

REBEREQUES PARA UN SUEÑO
QUE SE OLVIDÓ DE DORMIR

JOSÉ MIGUEL MARTÍN MUÑOZ

Prólogos de Paula Fernández y Jesús Giráldez
Ilustraciones de Juanan Martín

Para Joel. Semilla del sueño
de un tiempo mejor.
Que nunca te duerman
la Alegre Rebeldía.

"Rebereques son, según los campesinos, historias y
cuentos de enantes que se decían en añorado tagoror,
hoy tagora y tagorillo y mañana ni se sabe.

La Patria sólo es un *rebereque*, como la historia.
Todo es un cuento. La historia no existe, dicen algunos.
Yo no la vi, pero la palpo, y la entrego en mi pensamiento.
Mi historia es mi verdad confundida entre piedras de fogal:
mi única historia, pobre, y pienso que digna.
¡No sé de otra cosa! [...]

Me someto al *rebereque*."

Hermógenes Afonso de la Cruz, HUPALUPA
Del libro *Rebereques*

"Nuestro gánigo se ha roto y bebemos,
en el cántaro salobre de otra tierra,
sin saber que mil años de ausencia y de silencio,
nos alejan de nosotros y lo nuestro".

Isabel Medina

"Ella se reía al oírlo, me decía:
cómo va a salir una vieja en unos versos,
no tiene sentido,
deberías escribir sobre cosas importantes".

Pedro Flores

*"Te digo que no vale
meter el sueño azul bajo las sábanas,
pasar de largo, no saber nada,
hacer la vista gorda a lo que pasa,
guardar la sed de estrellas bajo llave".*

Agustín Millares Sall

*"Mimerahanà zinu zinuhà
Ahcmen aten haran huà
Zu Agarfù fenere nuzà".*

*¿A qué nos liga traer y llevar
el agua, la leche y el pan,
si Agaraf no me quiere mirar?*

Endecha recogida de boca de indígenas canarias
en la isla de El Hierro, por Leonardo Torriani.
"Descripción de las Islas Canarias" (Finales del siglo XVI)
Traducción: Ignacio Reyes

Tácticas contra el olvido

En estas páginas, Josemi traza una geografía familiar e íntima, cercana y conocida. Retrata recuerdos del pasado, sobre todo escenas concretas, personas y lugares. En un trasiego de sentidos convidados a encontrarnos en sus palabras, en sus versos sencillos que secundan la trascendencia que reside en lo cotidiano.

Así, se percibe que es en lo doméstico y lo habitual donde se despliegan las grandes verdades. Es el lugar desde el que formular y encontrar los significados de palabras grávidas como *país*, *nación* o *identidad*. De manera que, alejándose de los grandes discursos y alocuciones, el autor revela que, lo que estaba ante la mirada inmediata —las luces y sombras, la muerte y la vida— forman parte ineludible del acontecer diario. Es decir, de aquello que transcurre ante los ojos, de lo que se suscita en los patios de un colegio, en la huerta, en la casa abierta o de lo que se observa cuando se redirige la mirada y una se percata de las múltiples caras del amor.

De ahí que ciertas fronteras se diluyan, especialmente las del tiempo y la de la individualidad extrema y engañosa. Los *yoes* se entremezclan con los *tues*, no en una solución capciosa, sino en una comunicación inevitable y radical entre quienes somos, quienes fueron y seremos. Por eso no resulta aleatoria la presencia de la abuela, del hermano, de la madre, la vecina, el padre o el sobrino entre estos versos. Se evidencian los vínculos familiares en los que las barreras del ayer, del hoy del mañana se relativizan, ya que todas aportan sus hilos a este tejerse y tejer constante, aún en las peores (y confinadas) circunstancias.

De hecho, mirar hacia el pasado, hacia una magua que emerge en varios momentos del poemario, se convierte en un ejercicio necesario para afrontar un presente revuelto, o en todo caso, condenado a estar incompleto. ¿Acaso la magua no evidencia la insalvable incongruencia de echar en falta, esto es, de reconocer la ausencia de algo en una realidad que no nos termina de llenar? De manera que el escribir se convierte en una estrategia para intentar salvar las contradicciones que nos atraviesan. De no terminar de creernos lo que nos dijeron y querer comprobarlo o desmontarlo por nosotras mismas, no desde una sospecha cautiva, sino desde la osadía de no poder conformarse.

Los *Rebereques para un sueño que se olvidó de dormir* conforman una propuesta para reescribir lo no dicho, lo que falta en la historia oficial. Es un brinco que se escapa de las palabras grandes y pasa a ocupar los espacios en blanco o el interlineado en los relatos hegemónicos. Lo chico (que es gigante al mismo tiempo), lo que pudo pasar entre las grietas o entre las marcas de las piedras, es lo que trae aquí José Miguel Martín Muñoz. Una afirmación rotunda en contra de dejar pasar un tiempo arrebatado.

Así, este reparar en las cosas de todos los días, incluida la memoria familiar, los recuerdos de la infancia y la adolescencia, o el hecho de dedicarle poemas a momentos concretos del pasado, del presente o del futuro en los que se despiertan ciertas emociones y sentimientos, se alinean en el contenido de este poemario. Un poemario en el que se encuentran personajes como Julián el Mocana o Antonia, que poco tienen de anecdóticos, o los sentimientos más desnudos y que más hondamente se anclaron en el recuerdo, para nada olvidado, pues entroncan con los experimentados ahora, en un continuado y quebrado pasillo de espejos. El quiebro o el roto, precisamente, es "pensar así, por una misma, / en este país / tan poco acostumbrado a pensar", como escribe el propio autor. Y sobre todo, se encuentra en el momento de hablar, de enunciar y de renunciar al olvido, a través del poderoso mecanismo de la magua que, como dije antes, desvirtúa una concepción estanca del tiempo. Se convierte en un elemento revulsivo y catalizador que activa lo que se supone que ya fue y, que según una lógica del olvido, se quedó anclado en el pasado para nunca volver. De hecho, en Canarias, se dificultó y se persiguió (también en el presente) los discursos de un pasado acallado a fuerza de violencias. De ahí la doble importancia de esta afirmación poética, del rebereque como un aparente juego que, precisamente, encuentra en las vueltas del lenguaje y de las imágenes poéticas un poder extraordinario de subvertir y de articular en un contexto que parece imposibilitar esta opción. Entonces, el rebereque se transforma en su más activa y necesaria manifestación: la esperanza. Esta emprende hacia el futuro lo que la magua consigue con respecto al pasado: sacar del silencio y de la inexistencia, lo que se supone que no está, y resucitarlo o revivirlo, en un lúdico juego, que fuera de toda inocencia, activa el sentido de la (necesaria y urgente) palabra *posibilidad*.

Paula Fernández Hernández

Prólogo

Escribir sobre lo que escribe un amigo, advierto, no es fácil. Sus palabras te acechan recordándote que la deslealtad es un defecto que se elige, así que tú verás. Por eso es reconfortante saber que solo llevamos veinte años tratándonos de hermanos, que son unos cuantos, pero no lo suficientes para compartir secretos inexpugnables. También alivia la dramática circunstancia de vivir en volcanes separados, apagados por el mar, a los que Josemi llama islas rocas. Una condición que ha convertido al pueblo canario en un sujeto histórico hecho de cachos, en un no saber muy bien qué nos está pasando y, lo que para mí es más importante, en una barrera que evitará que el poeta, cuando lea estas palabras, se plante en la puerta de mi casa, pidiéndome explicaciones a horas intempestivas.

Este es un libro escrito desde el desconsuelo. Ya lo advirtió Antonio Machado, para quien la poesía era un estado esencial en la consciencia humana, un universo que nos permite desahogar la inquietud, el temor, la impaciencia, la angustia, pero también la esperanza. Así pues, tiene la poesía, entre otros, un sentido terapéutico, una válvula de escape para poder ser quien se es desprovisto del ropaje que nos impone la realidad, para liberarnos de la atadura (y de la cordura) que proyectamos continuamente.

No deja de ser paradójico que sea precisamente la poesía, ese género cuyas figuras retóricas nos permite escondernos, el que le brinde a Josemi la posibilidad de desnudarse entre párrafos y versos. Y menos mal, porque si no este hombre se nos vuelve loco, harto, nos confiesa, de *esta torpe y fiel manera de estrellarme, tan repleto de la nada que me dieron*[1].

Si la realidad social se le antoja tirana—resistiendo gracias a la certeza de que no es inamovible— tampoco halla mucho consuelo el poeta Josemi en los encuentros y en las búsquedas individuales. Porque ahí el destino, el azar y las decisiones propias y extrañas han elegido a menudo caricias caducadas, miradas despistadas, pieles huidizas, noches de soledad acompañada. Quizás por eso la palabra amor solo aparece una vez en el poemario a pesar de que el autor le dedica decenas de versos a escudriñar esa entelequia tan humana y necesaria, tan sigilosa, incomprensible, tierna y traicionera. Pareciera que admitiera que una cosa lleva a la otra: la felicidad individual es casi imposible en un mundo antropófago que devora las vidas y eructa soledades. No le faltan, creo, razones.

La patria. Reconozco que es una palabra que no me gusta, salvo cuando la adornan algunos poetas. No se lo he preguntado, pero estoy seguro que Josemi ama a Gelman y a Pessoa y si no es así, debería. Los dos, sin que consten conversaciones previas, aseguraron que la patria es la lengua. Josemi ejerce ese patriotismo lingüístico con el cachorro puesto para amortiguar a Magec, margullando en sus recuerdos, ende-

---

[1] Aquí se mezclan dos versos finales de dos poemas diferentes de este libro: *En plano subjetivo* y *Tan lleno de nada*.

rezando líneas cambadas, alongado siempre en el precipicio emocional, cocinando utopías en el fuego hipnótico del fogal, aruñando versos para desvelar cicatrices, escupiendo ripiones irónicos, atravesado siempre con la magua del chinijo que anhela los ecos de los rebereques[2].

La patria también es la infancia, sostuvieron Baudelaire, Rainer María Rilque o Saint-Exupery. No hay que irse tan lejos. Nicolás Estévanez nos explicó que la patria es una peña, una roca, una fuente, una senda, una choza o la dulce sombra del almendro en el patio familiar. Y aquí, por fin, encuentra

El poeta Josemi el refugio, el alivio y la felicidad. No deja de ser esa otra paradoja, la de volver al pasado para recuperar el optimismo, un pasado despojado de interferencias, un lugar donde se acunan las imágenes y los olores que jamás se olvidarán.

---

[2] Como es muy probable que este poemario se lea más allá de las islas rocas aclaro algo del léxico contenido en este párrafo formado, a su vez, por palabras incorporadas en los versos de Josemi:
Cachorro: Sombrero de ala ancha, generalmente de fieltro negro. *Magec*: Nombre dado al sol por las poblaciones indígenas canarias. *Margullar*: Nadar debajo del agua. *Cambado/a*: Torcido/a. *Alongar*: Echar la parte superior del cuerpo hacia adelante en un lugar alto o alcanzar algo a alguien. *Fogal*: Sitio delimitado con piedras para poder cocinar con leña. *Aruñar*: Arañar. *Ripión*: Alimento o sabor áspero. *Magua*: Pena, lástima, desconsuelo, añoranza. *Chinijo*: Niño muy pequeño. *Rebereque*: Cuento o historia sin importancia. Hay más palabras y expresiones canarias contenidas en el libro, pero tampoco les vamos a dar todo hecho.

La vida se suele mostrar más severa con quien, como Josemi, se hace preguntas, muestra su discrepancia y se sitúa, sin que nadie se lo pida —ese es el valor—, entre el orden que nos apalea y las voces desprotegidas. Si en el pasado tuvimos algo de suerte, la infancia regresa siempre para ampararnos. No es mal asilo nos jura, a pesar de las posibles penurias, nuestro amigo.

Así pues, tenemos un pasado como tabla de salvación al que se aferra una persona que se mueve divergente a la normalidad, que transita en una sociedad que no da abasto prescribiendo ansiolíticos porque produce más dosis de dolor que las que puede paliar.

También es posible que uno, que siempre ha sido un poco osado, no haya entendido nada y haya trasladado en este prólogo algunos sentimientos personales, tan superficiales como inconscientes. Pero ya saben que un libro deja de tener autoría cuando alguien lo lee. Pasa a ser patrimonio —al mismo tiempo individual y colectivo— de manos que han pasado sus páginas, de ojos que radiografían sus palabras y las interpretan como creen. Mi osadía es tanta que me atrevo con un consejo: sigue escribiendo, lo necesitas y, sin que te abrume la sentencia, muchas somos las personas que te necesitamos, hermano.

Jesús Giráldez Macía

DESPERTAR

Nos dieron por muertas,
tantas, tantas veces, que resucitar
era la forma de despertar, cada mañana.

FOTOS DE AYER

El banco de la plaza del Llano a las tres de la mañana.
La naranja aún verde que cayó del árbol
en la finca de Las Candias.
El adoquín bañado en vela en que resbalé,
y tu risa al instante después.
El retraso interminable, cuando el móvil no existía
para la excusa avisada con tiempo.
La mordida desesperada al foskito en papelera
y el hambre en mi boca sin dinero ante el olvido.
La puerta puesta adrede y entreabierta
que finalmente se cerró errándonos la salida.
La noche de domingo en romería,
que acababa con las ganas de quedarnos para siempre
agarradas al suelo meado que olía a la pura vida.
La mañana del lunes de después, olvidando
que agarrarnos a la vida olía a pura meada.
El martes siguiente soñando
de nuevo con romería.

La calle y el patio y la iglesia del colegio nevada
y las bolas de puro hielo estallando en mi cara aruñada.
La pelota en los pies como zapatos para andar
y ser con otras que eran tan yo
que al irse me fui con ellas.

El camino a La Luz en un Renault cinco que aún huelo
con aroma de pino viejo y un bolero en el casete.
La guitarra ronca, bajita, en el fondo en un cuarto
y el llamado de mi abuela en el revés.
Las monedas que se escondían en los libros de casa
para no ser cambiadas por dos panes y un café.
Las cien pesetas de mi tío Juan Carlos al salir de misa.
Los libros viejos, gastados, usados por otras antes
que no llegaban nunca a tiempo en una clase clasista.
La lección de mis viejos que al vivir, se comieron el hoy
sin esperar al mañana.
Los rizos de mi hermano que al saltar, rompían en risa
a los pies de la litera de mi cama.
La fuente en que nos tiramos
para más nunca crecer.

LOCAS

Locas, tostadas, cambadas de un ala,
tan carentes de un hervor, faltas de papas pal kilo,
con la ausencia de un agüita, desquiciadas,
a la espera de un encierro sin demora.

Violentadas, destrozadas con sonrisa, y en la lista
esperando ser normales, que no cabes
en su mundo liberal con una tara, vende a saldo
tu locura en un jornal.
No se note, que no engaña tu cabeza su patraña,
sé la lista, que aprendió a disimular.

Es la rueda, corre rauda compitiendo y ahí morimos,
siendo cuerdas en la soga del castigo,
aprendiendo a naufragar sin un respiro, tan juiciosas,
sentenciadas a no estar.

LUNES. PERO NO

Hoy que es lunes, pero no.
Que es azul la escarcha y negro
el viento que te nombra,
que queda el eco de tu boca
al filo de la calle sin fin, que vive
del retumbe en tus zapatos
en un trote a tientas.

En este hoy, en el que nunca hay
tiempo para lo importante,
y una rueda eterna hace girar
el aliento al soplo
de un temible, improvisado,
nuevo oscuro amanecer,
te espero sin ganas, y así
me protejo al menos,
del fracaso.

CINCO SEGUNDOS

Cada cinco segundos, parpadeo.
Mi vista se funde a negro, sin querer
sueño por un instante
y vuelvo a despertar al roce
de mis pestañas tan distantes de mirarte.

En un abrir y cerrar de ojos fugaz
te veo y te pierdo a un mismo tiempo,
mis párpados se adhieren sin la lágrima capaz
de enjuagarte en el momento
de la mucosa que humedece tu recuerdo.

Cada cinco segundos ralentizo
mi metabolismo neuronal
en un intento vano por dejar de ser,
en el titileo conciso
tan nervioso en ojearte.

YAIZA

Cada vez que la lluvia comenzaba a caer
Yaiza salía al patio,
extendía en él la hamaca roja,
la misma que la abuela llevaba al Socorro
allá por cuando agosto
y ponía su pequeña barriguita al viento.

Ico, la gata blanca que hacía ya dos
o tres inviernos que habitaba la casa,
la miraba absorta desde la ventana,
tratando de comprender
quién en su sano juicio abandonaba la estufa
y la mantita polar,
para empaparse de frío de la cabeza a los pies.

Pero Yaiza sonreía de la misma manera
que si tostase su espalda al sol,
estiraba su piel
sobre la tela enchumbada de la vieja toalla,
que sudaba lluvia por sus cuatro puntas.
Casi al punto del ahogo.

Alguien le dijo de niña
que, si lograba regarse bien,
mojarse el alma en la sed con la que beben las plantas,
sus sueños serían altos como la fe y la esperanza,
como el camino secreto
que se abre nuevo en el agua.

AGUARDANDO

Aguardando,
en asiento improvisado de estación inexistente,
la vida prometida.
Los días futuros
de frutos maduros que un día endulzaran
el amargor de una existencia sin más.

Viendo las caras pasar
día a día
tantos años.
La sonrisa preparada en el espejo de casa,
el saludo anhelado, la mano
metódica,
la boca al bosquejo
de un afecto ya extraviado.

Sentada en el quicio de una plaza vacía,
Inerte bajo el sol, la doña espera
todavía.

CALLAR

Por esta vez supe callar,
ahogar el nervio en mi garganta,
aplacar el ímpetu que subía por mis pies
y hacerlo muro en mi boca.
Por esta vez aguardé
en el verbo que volaba de tu aire
hasta el hueco que conservo como oreja,
lo encerré en una escucha calmada,
macerada con paciencia de esperanza.
Y allí me hallé, por esta vez
en el fondo de tus palabras hiladas,
acurrucado en la saliva
navegada por tu lengua hasta mi oído
para hablarme al fin.

Por esta vez, supe callar para hallarte
sin negarme en lo que oí.
Sin la necesidad de ser ruido que perturba
la voz limpia y primera
ajena de intenciones e intereses,
alejada de ser contesta
del ataque gratuito.

Por esta vez, supe callar para ser
según soy en voz de otra.

APÁGATE Y ANDA

Apágate y anda.
abandona despacio las huestes de internet,
cierra rauda la sesión aún con proceso incompleto,
muestra firme convicción,
pulsa seguro, aunque incierta
sea la duda que ampares al dar *sí* en el mensaje
que amenaza irreversibles ante tu icónica acción.

Salir ¿seguro? Salir,
nunca tuviste al alcance tanta opción en un dilema,
tanta oportuna pregunta para deshacer lo hecho,
tan pertinaz insistencia en otra oportunidad.

Apágate y sal despacio, planta tus pies en la calle
y atrévete a poner cara a tu perfecto avatar.
Atrápate por las redes tejidas por otras manos,
saborea en otras bocas palabras ilimitadas,
adjúntame como imagen a tu nube de experiencias,
cambia el calor de otro cuerpo
por tu sexo virtual.

CAÍDA LIBRE

Y al descender en caída libre
cayó en la cuenta al caer
que aún, precipitadamente,
era en sí la vez primera
que hizo algo en libertad.

VIVO DEBAJO DE UN BÍANBÍ

Vivo debajo de un BíanBí.
Por la mañana, al medio día y en la noche,
me vigilan caras blancas y ojos claros,
desde lo alto de una terraza con sombrilla
que busca un sol
que no acaba de salir.

Me miran con la curiosidad
con que se mira un pez en la pecera de una tienda.
Observan los raros colores de mis rasgos,
las extrañas plantas de mi patio envejecido,
con restos de cemento
de la obra que un día quiso ser.

Se esfuerzan por comprender
las raras palabras que salen de mi boca.
Prueban primero con su lengua materna, luego en inglés,
para, en un último intento, margullar un español ajeno
a cualquier acento conocido en este u otro lugar.
Lo intentan. Quieren hablarme para entender
cómo alguien como yo, comparte casa con ellos.

Nadie les dijo que, en mi isla, las vistas al mar
eran un privilegio de todas las ventanas.
Ni mucho menos que la casita rural,
habitaba un barrio sin pintar y justo al lado
de un bar lleno de borrachos, pero locales,
sin un visado alemán.

Me miran, nos miran perplejas.
No entienden nuestro horario sin empleos.
Nuestros empleos sin vida. Servicio fiel y obediente,
camarera complaciente alimentada con sobras,
aún ciega fe en la derrota,
poniendo cuerpo y cultura a los pies de su hedonismo,
su prometido exotismo, su sí señor ahora mismo,
decorado en su postal.

CANSADA DE ESPERARSE

Y tú que me dices que te hable de amor,
que rellene el hueco de mi cara
con muecas de sonrisas inertes,
mis ojos con el brillo ausente
de una razón cansada de esperarse.

Y tú que reclamas con brío,
que aproveche la luz que escapa
por la fría celda
de mi pueblo sin sol.
Que ponga mis pies sobre el camino,
mis ganas a un paso del abismo
de saltarme los espejos
y olvidarme de mirar.

Que chapotee en los charcos
de sangre fresca que inunda
cada poro de mi piel.

DESDE QUE YA NO VIAJO

Desde que ya no viajo, aún con equipaje
me parece mayor el peso en cada pierna.
Personas extrañas dejaron de pasearse
por mis ojos y oídos,
voces lejanas ya no fueron ruido en mi cabeza,
otras caras renunciaron a sonreír a mi boca callada,
otras manos dejaron de llevarme de la mía
más allá del halo de mi sueño temprano.

Desde que mis ganas son anclas
negándose rotundas a abandonar
este mar de islas rocas,
todos los olores que se asoman a mi nariz
tienen esa esencia de algas verdes a la orilla de la playa,
de pelo revuelto por las olas, sal y arena,
de la espuma enredándose en los dedos
que te eriza en punta el pelo de los pies.

Desde que ya no soy el pájaro errante que anhelaba,
dejé mis botas canelas junto a mi gorra vieja
en el borde de la puerta de tu casa,
junto a la alfombra en la que barres, con asco
la basura que el camino
dejó prendada de ti.

EN ESTA CASA ABIERTA

"Ya no te espero. Ya eché abajo ayer mis puertas.
Las ventanas bien despiertas al viento y al aguacero,
a la selva, al sol, al fuego. Llegarás a casa abierta".
Silvio Rodríguez

Ya aprendí a vivir sin ti.
Ya cocino revueltos de un solo huevo,
recaliento el café sobrante, taza a taza,
congelo el pan y guardo el queso
envuelto en celofán
para mañana.

Ya no te espero aunque sin odio.
En los hábitos del cielo falta la lluvia,
y un calor fuera de tiempo nos recuerda
que era cierto que el final, sería un horno
que cocinara nuestra soberbia.
Ya aprendí a vivir sin ti, retiré tus fotos
de la corchera y puse, chincheta a chincheta,
mis ganas de ahorrarte,
a saldo las arrugas de tu cabeza en mi camisa,
tus bragas sobre los muebles,
la toalla aún mojada en mi libreta, tinta rota
que una vez habló de ti.
Ya no te espero y dejo a veces, la puerta entreabierta.

Quizá, quién sabe, un ángel del demonio te devuelva
y colocando tus pies en el pasillo
te recuerde olvidando las llaves,
tocando en el timbre,
sonriendo al pasar,
liberando mi patria triste de buscarte, quizá
con la sed de mi garganta sin eneros,
eches abajo esta casa abierta.

Ya no te espero y sabes que sin ti, sé vivir
de manera sobrante, perderme en lo que ignoro,
penetrar de la forma que tanto me gusta en mí
para verme por dentro, recorrer las calles
con una mueca en la boca,
oler el mar, escribir
al punto del delirio y salir a soñar
para luego dormir y al final
seguir siendo hasta feliz, un hombre solo.

Pero no quiero.

LIMONES TENDIDOS A LA HUERTA DE MI CASA

Limones tendidos a la huerta de mi casa,
jugo agrio que irrita mi lengua
haciéndome estornudar,
escupir el ripión que invade la boca
y lagrimea los ojos.
Antioxidante natural que limpia el aire;
ácido ascórbico, acción antitóxica
frente a venenos microbianos.

Limonero: Citrus, familia de las rutáceas.
Curador implacable e incapaz
de parar la podredumbre
que hoy carcome mis entrañas.

DUDAS

Te vas, marchando
y aún revuelas por mi casa,
te aproximas con cautela hasta la puerta,
no tocas, pero arrimas tu nariz a mi ventana,
miras despacio y no segura
de querer encontrarte con mi sombra, al otro lado
haciéndote despacio el café que apenas tomas,
pero que adoras husmear cada lunes en tu almohada.

Dudas, siempre dudas antes de dar el paso
que te lleve a decidirte entre dos cosas.
Hay quien te dijo y con reproche,
que dudar era tiempo perdido, que la vida
se va mientras meditas cansada de esperarte.
Pero yo, que me tiro sin mirar
a una tormenta imperfecta,
admiro tu manera
de pensarte despacio y en voz baja,
sin gastarte en las ganas de ir y en la certeza
que una vez andado, el camino no permite
una senda de regreso.

Dudas. Eterna duda certera
que te abraza y desespera la más tranquila paciencia,
que consigue que en deshielo derritan polos y aceras,
bendita duda que albergas y te hace andar despacio
a los brazos que te aguardan marcando en compás de espera,
piénsame y aunque no vengas,
haz de tu duda contagio.

EL CACHORRO DE JOSÉ

Solo el ala de un sombrero ajado
separaba su vieja cabeza de un cielo
joven, para las lluvias que anduvo.
A pesar de la insistencia de Asunción,
nunca quiso cambiar el fieltro negro
con la ventilación apenas de seis agujeros,
tres a cada lado, por la paja fresca
del panameño nuevo
que su compadre Juan le procuró de Cuba.
De chinijo escuchó a su padre
que el negro, aunque no lo pareciera,
aislaba el calor agarrando los colores
en su oscura presencia.
Así que el fiel cachorro acompañó a José
por todas las fotos que robaron su alma.
Lo paseó por los bares de perras de vino,
acogió en él el gofio viajero
de las cabrillas salvajes que saltaban,
cuchara en mano, desde la barra al gaznate
en las tardes de parranda o pericón enralado.
Se encorvó, al ritmo de la espalda, al pasar
bajo los matos de platanera
en las fincas del Durazno, y quedó colgado
cada noche en el perchero del zaguán,
para solo alejarse de la calva
al tratar con la almohada.

EL REGRESO DE CAÍN

Se calló Caín y volvió a casa.
se dio cuenta de repente
y luego de un vistazo a la cartera,
que la perfidia no era rentable
si quería seguir caliente comiendo
y bajando al bar
cada tarde oscura.

Tocó en la puerta de mamá
con la mejor sonrisa que pudo improvisar,
sabedor, como era,
que una madre siempre sucumbe
a la vuelta de un hijo a la matria.
Salió a la calle para reconocer
como propia
cada piedra del jardín que en su día abandonara,
o mejor dicho, vendiera a cambio
de otros jardines foráneos
que no pudo conquistar.

Volvió Caín desde el mar
a la orilla que juró no regresar,
convencido
que no hay tesoro que pague
la derrota de encontrarse
desterrado del hogar.

EL BLUES DEL AGUERE DEL NOVENTA

Bailaba hasta que sus pies dejaban
ese rastro de goma arrastrada sobre el parqué
en el oscuro Blues del Aguere del noventa.
La negritud bajo los ojos,
parte sudor producto de aquella sala claustrofóbica,
parte lluvia de lágrimas mitad de alcohol con rímel
y mitad sollozo oculto por sarcástica sonrisa.

Casi nadie la miraba,
al menos ahora que era tan poco vieja para morir
como joven para ser respetable, señora de bien
con chaqueta de cuero, pero digna
de las diez de la mañana.
No había nacido para el día.
Prefirió el olor de los poros abiertos,
el ritmo del sudor resbalando a pie de pista
y la cintura al roce de otro cuerpo envilecido.
Lenguas solitarias en busca de otras humedades,
muertos renacidos al hedor de La Laguna vacía
que se poblaba de vida al caer el sol.

Ya sólo un rumor quedaba de aquella orgía.
Cuadriláteros attrezzo de la pelea vital
habían sido desmontados al final de la velada,
taquilla abierta a una función cerrada por derribo,
y aroma en la esquina a meado
de otro tiempo, uno mejor.

DE UNA PALABRA

De una palabra
perdida entre el aire silbante de mis paletas,
de ese que roza levemente al nombrarte
el cielo con los dientes de mi boca,
nació tu nombre.

No el que frío aparece preso en tinta en tu carnet.
No el que, padrón mediante,
anotó tu padre el día en que borracho
se escapó minuto y medio del bar
increpado por tu madre.
No ese tan oficial que en el final todos saben,
el que en boca de maestras
te nombraba en la mañana como parte de un rebaño
justo antes de ordeñar, tú tan negra y tan oveja
haciendo muecas al lobo.

Mi lengua supo increparte, ver más allá
de la letra amontonada puesta sólo a señalarte.

Olerte dentro la sombra que ocultabas con recelo,
quitarte el velo y lamerte el consuelo de encontrarte
un pie al borde del abismo y empujarnos por salvarte,
tu nombre supo en mi boca
saberse para nombrarse.

ASFIXIA

Asfixia, *Suspensión o dificultad en la respiración*,
falta de aire en los pulmones, ausencia
del hecho de estar viva.

Pérdida en la capacidad de inhalar,
sensación de ahogo fatal, precipicio al borde
de un agobio *in crescendo* en la garganta.
Necesidad vital, querencia fatal e ineludible
del aliento de tu boca haciendo mío
el hálito de tu entraña.

BACHATA CON AZÚCAR

Escupo en el suelo e indago en mi saliva,
debes estar en lo húmedo de mi aliento,
en el rastro de la comida de ayer
o en el vaho que inhalo
por mantenerme despierto.

Me quedé mudo,
busqué mi voz, ronca, estropeada,
en el polvo negro que pinta tu cara
y deja mis muebles manchados,
rastro sutil que huelo, acaricio apenas
y se pierde en el aire.

Despisté la estrofa en que cantarte,
debe ser, que la música extraviada
suena al son de la cadencia de tu cuerpo.
Baile de ayer, aire en el roce de los dedos,
pies al viento de bachata con azúcar
y la mirada extraña, que entrometida
no nos dejaba crecer.

Se nos brindó la brisa.
Una corriente allende los mares
te sopló a la oreja que ir, era un amén de volver
y asistes tierra a la vista.
Tan aprendiz de grumete lamiendo sal de mi herida,
que sazonaste mi vida con tu magüita de mar.

EN PLANO SUBJETIVO

Me disparaste de pronto
en plano subjetivo;
arrastraste hacia mí tu odio viejo,
confundiste mi cara con otras
caras pasadas, que tanto enajenaron
tu cara de hoy.
Y aun así no te temo.
Supe, siempre sé que la caducidad
acabará con nosotras despacio,
como desaparece
el yogurt sin lactosa de tu vieja nevera,
aunque vacía a la espera
de algún mejor tentempié.

Nadar en este mar contaminado
de ego y hedor, sociedad
tan podrida de encontrarse,
no es la mejor manera de existir
a los ojos de nadie.
Nos quedaba rendirnos o salir
a la calle por si la cosa cambiaba,
confiadas en ser las últimas del lugar
en cagar en casa ajena y sin papel.
Buscando una bala perdida

que encontrara las cabezas vacías
que portamos orgullosas.
Sin nunca saber quién, pondría fin
a esta torpe y fiel manera
de estrellarse.

LA CONSTANCIA AL CAMINAR

Lo hacemos lento, despacio
al ritmo constante de la cadera sutil
que aún nos mueve las entrañas.
Sin prisa, como a punto de empezar
cuando se marcha sin rumbo fijo,
sin el horario abusivo de tu reloj sin esfera,
como aguardando la espera sin vistas de bienestar.
Lo
ha
ce
mos
lento,
si no sabes esperar quizás tu sitio no es este,
no nos pudieron las prisas ni tanto atajo mediante,
no nos creímos la historia de tenerlo todo a mano,
no en vano vimos que lejos
aguardaba el buen final.
Preciso paso certero en la fórmula que aplican
las que cambiar quieren todo,
no por ir lento perdemos
la constancia al caminar.

VA POR EL AIRE

Va por el aire
el tenue sonido de tu labio que me nombra,
la palabra que etiqueta, apartando de mí
todo aquello que ya no soy tan solo
por no ser nombrado,
por ser obviado en la boca que me evoca,
cribando de a poco lo que no soy
en aquello que creyeron que siempre fui.

Va por el aire,
para acabar de ser por mí
sin contar conmigo.

LO QUE MI BOCA QUERÍA

Por pensar, pensando que no es tan fácil
pensar así, por una misma,
en este país
tan acostumbrado a pensar
por boca de otras.
Yo, persona pensadora como soy,
por el hecho sin más de ser persona
capaz de contar primero con diez
e ir restando hasta ser yo sola
aun pensándome contigo,
también he sucumbido como todas
a ese dejarse llevar hablando
sin pensar lo que digo.

Como todas lloré los finales permitidos,
bailé bajo las farolas iluminadas para tal fin
y esperé, al final de la cola
a ser llamada por mi nombre y apellido.
Rellené los impresos con mayúsculas,
traté de Don al jefe y de tú
al ventero de la esquina,
y aguardé con paciencia mi momento
aún a sabiendas de que nunca llegaría.

Por no pensar, pensando que era tan fácil
pensar así, por una misma,
en este país
tan poco acostumbrado a pensar,
por boca propia perdí, el acento que entonó
lo que mi boca quería.

A LA ESPALDA DE ESPERANZA

Decía que sus sueños le miraban los pies,
porque cargaba en la espalda el peso
del mundo de las otras,
y en las caderas
los dolores de los años por vivir.

Caminaba un ojo en el sendero
y el otro más allá de donde la vista alcanza,
recolectando flores violetas de justicias imposibles,
el misterio del cuidado que emerge en los días simples,
en el gris de un cielo acostumbrado a no llover
pero amenazante siempre con mojarte.
Si mirabas atenta,
podías percibir en su andar
cierta cojera del lado izquierdo,
en esa orilla en la que habitan los sueños de cambio,
las ganas de ser pero nunca solas y un pellizco apenas
de la luz necesaria para alumbrar la revuelta.
Un quítame aquí un ego engrandecido,
una arruga en las manos a fuerza de rozar lo prohibido
y toda una noche de soñarnos por bailar.

Dicen que hay personas
que cargan en la espalda la esperanza que perdimos.
Que nos la guardan silentes, para que pueda regresar.

EN LA MAGUA EN QUE MENGUAS

En la magua en que menguas por si el olvido,
en el charco en que saltas por si el naufragio,
en el aire disnea por si el contagio,
en la boca cerrojo
por si dirán.

En la excusa que inventas está el abismo,
en los pies que te corren
el sueño viejo,
en mi verso que ignoras está el secreto,
el candado que encierra
mi noche gris.

En las manos coartadas el veto añejo,
en la voz claraboya que siembra luz,
en el diente mordida, con media lengua,
la palabra que nombras
para no hablar.

En la magua que menguas va la caricia,
el soplido en la nuca
para morir.

INSTAGRAM

Cansado de postureo,
tanta foto y corta historia,
tan pequeña la memoria
y tan largo el triste ego,
que apesadumbrado veo
cada vez que aquí me asomo
que es caperucita el lobo
y el lobo hace tiempo oveja,
que al balar ya no refleja
ni media verdad en su lloro.

EPITAFIO

Y qué dirán de ti cuando te vayas.
Dirán era un buen tipo, con sus cosas claro
pero todo un caballero.
Yo una vez lo vi desnudo así,
lejos de las corazas en las que ocultó
ese ser tan bueno, pero al fin
tan embustero.
Yo lo conocía bien,
él en el fondo tuvo pocos amigos de fiar
sin el agobio de quien algo espera y sí,
yo casi fui al final
uno de ellos.

Tenía la facilidad de la sonrisa cuando no tocaba.
Supo ocultarse bien en las salas
repletas de gente,
caminar sin despertar a los nadie que dormían,
hacer pucheros a la muerte del ser
aun siendo nada y fue
enemigo del camino siempre fácil por trazar.
Pero no supo quedarse entre nosotras,
ser una más de las gentes que viven sólo
para no morir,

salvarse de la quema de otras,
saltar las hogueras hechas con cuerpos
tan cansados de vagar sin un sino
que diera sentido a sus pasos.

Yo lo conocía bien.
Al menos todo lo posible en alguien así
que no deja conocer sus sombras,
por miedo a que lo oscuro
deje sin hambre a la luz.

EN UN SUSPIRO

Cada vez que respiraba
tenía el viento en la nariz.
Por cada bocanada de aire que inspiraba a su garganta,
podían escucharse
olas batiendo sobre la roca,
océanos encontrarse en la mitad de los mares
y rojos cangrejos andarse de nuevo sobre sus pies.

Si ponías atención, si de verdad te parabas
atento, y situabas la oreja al servicio de su aire,
era capaz de elevarte despacio, como lo hacen las aves
y volar, casi sin esfuerzo,
acurrucado en el sonido que aspiraba para sí.

Pero todo acabó como se acaban los cuentos;
un día y en respuesta al hormigueo
que le hicieron mis pies al desliz en un suspiro
cayendo al camino viejo,
estornudó con la rabia de mil leguas a babor.

Y me dejó a la deriva, náufrago en un desaire
que de su boca salió.

ÚLTIMA LLAMADA

Hice el gesto.
Descolgué el auricular,
marqué tu número
y de memoria ensayé las palabras escogidas.
Olvidé el móvil como siempre en el café,
y vagancias digitales,
ya no memorizo los teléfonos de los amigos nuevos,
sólo guardo en la cabeza
el de la casa vieja de abuela,
aquel que heredé de mi madre que fue suyo alguna vez
y los nueve dígitos que marcaba a diario
para escucharte.

Hice el gesto, repetí las palabras escogidas
y no fui capaz de decirte al oído ni una de ellas.
Se agotó su tiempo,
dijo la voz autoritaria del agente 5, 6, 4, 5, 7,
y al final dormí en la celda
por ser cobarde otra vez.

AL OTRO LADO

La Orotava sin ti parecía aún más apagada,
más anclada en el letargo de los tiempos,
en la noche oscura en la que una vez sumida
no supo nunca salir ni pedir socorro.
Derramé por sus calles tu recuerdo,
tu osadía púber de granos y miopía sobre la nariz,
el gusto del futuro incierto aún sobre tus labios
y una mirada perdida sin prisa alguna por encontrarse.
La tarde entera en la plaza con ganas de hablar de nada,
todo el juego en nuestras manos y el vicio por inventar.

Aún retengo el momento preciso en que juré no abandonarte.
No dejar de seguirte el rastro a pesar
del tiempo perdido que hace sueños de rehén,
que nos devuelve la mirada en el espejo
para no reconocer nuestra cara al otro lado.

Fueron muchos los caminos, las sillas que invitaban a sentar
nuestra gana de cambiarnos las entrañas para cambiarte el mundo,
pero la obstinada manía de seguir a pie sedujo nuestra inconciencia,
nuestro prurito sagrado de romper con su norma,
con su instancia hacia una vida abocada a desistir.
Y henos aquí, chupando aún el caramelo ya casi sin sabor
de la utopía tardía. Tan en otra que esos días
son recuerdos para ti.

LA DEMORA DE ESTAR

Vivir. Tan solo de eso se trataba la vida.
Ser capaz de aislar, lo esperado,
de la magia de encontrarse.
Sólo quien sabe que muere,
es capaz de concebir el camino sin retorno.
El regreso no viable, el reloj que no detiene
su giro perpetuo para aguardar
la demora de Estar.
Cuando se hipoteca el hoy,
no hay consuelo en el mañana.

LA DEUDA AVAL DEL CAMINO

Apareciste cuando menos te esperaba.
Como si nunca te hubieras ido,
te asomaste a mis ojos
con la mueca de siempre,
cuatro pecas por delante de tu risa
y me perdí.

Ya lo hice antes, no era nuevo
el gesto nervioso a cuatro manos,
el verbo desenfrenado tapando el vacío,
está todo bien,
quién fuese viento que ahogase
soplando el calor que abrasa.

Tan sin ti habitaba el olvido
que llegué a acostumbrarme a verte lejos.
Apartada de la constante cadencia de un reloj
hastiado de dar las horas,
luna cansada de esperarte en cada aduana
sin nada que declarar, lo di por hecho,
abandonarnos a no ser era la vida.
Habías pasado a habitar, tímida y osada
algunas noches cansadas
que dormías en mi almohada.

Ese rincón que se guarda para no pensar,
para ser refugio en los días sin tregua
en los que dormir,
es el trámite que salda
la deuda aval del camino.

Pero ahí estabas.
De pronto el tiempo no era nada y el mar
era un estanque de pecera, tan pequeño
como tu negra nariz.

INSOPORTABLE SOBERBIA

Insoportable soberbia,
pedacito de vida lanzado al mar
en la búsqueda eterna de un son,
de la timba que tiembla, el danzón
para hacer un baile al filo
de una botella.
Sorbo eterno de elixir,
lo justo para vivir, la mano
siempre abierta para dar,
si tu soberbia es andar
cargadita de pasión,
bendita la maldición
de aquel que se acerque a ti.

LA REALIDAD SIEMPRE DECEPCIONA

Era lunes, o quizás jueves
en alguna casa de bien, que agobiada
se alongaba al fin de semana.
En la calle apretaba el calor, pero llovía a cántaros
dentro de la habitación del hostal
alquilada por horas.
La realidad siempre decepciona, escribió
sobre el espejo del lavabo antes de tirar de la cadena.

Nunca había estado allí, pero se sentía en casa.
No había nada que hacer del todo
en aquella mañana a medias.
Así que rodó los muebles uno a uno
y tras ponerlos en círculo
se asambleó por inercia.

Con la Vida en el centro del debate
discutió los pros y contras, movió el cuerpo
en dinámica locuaz y certera
y convencida, a sí misma,
de todo lo contrario, guardó silencio,
para ya no vivir más.

LOS POEMAS DE JULIÁN *EL MOCANA*

No cabía en sus cuatro paredes, mal pintadas
pero eso sí, de fuentes elegantes,
jardines que se riegan aún con lluvia,
apellidos engrandados por las manos estiradas
con la palma cara al sol y muy bien recompensados
por dictaduras recientes y su posdata actual,
no le cabían las ganas en este pueblo hastiado.

Tal vez por eso decidió, un verso aquí
un pie para allá, fugarse por la ventana.
Llegar, sobresaliente manera de viajar,
a lomos de un cuento nuevo, una risa improvisada,
una mirada enloquecida que buscaba, ni más ni menos,
cabalgar junto a tu montura por los caminos prohibidos
de la irreverencia proscrita,
a otros mundos posibles para inventar.

Tal vez bohemio obrero de fin de siglo, o quizá
poeta maldito de utopías andantes
o profeta con feligreses por encontrar,
dejó el hueco que dejan las estrellas fugaces,
esas que miras sin tiempo apenas para el deseo:
Un quédate a mi lado para siempre, aunque en silencio,
un no te calles, aunque marches sin permiso.

Habrá que inventarte de nuevo y pasearte
por mis noches y sus bares.
Las barras aún te esperan y sollozan,
se visten de sepelios los altares
que erigen las corrientes vecindades
y se lloran por mis barrios aún tus versos.

CUARENTA MÁS UNO EN CUARENTENA

Cuarenta más uno en cuarentena,
con lo blanco de un pelo que se empeña en crecer
sin plan ni fijación concreta, sin un rumbo
que me lleve de nuevo a algún lugar.

Con las manos en espera. Todavía aguardando
ser llenas del aquello que añoré que fuera
y del todo que creía llegaría sin buscarlo,
como roza la lluvia en mi cristal
llamando sutil e invadiendo sin permiso,
inundando de nostalgia mi colchón.
Como me descubro ante el espejo
improvisando muecas que aplaquen mis arrugas,
la sonrisa a media boca para escapar, sin ser visto
de la expectativa altiva de la otra.
Como me siento a tu lado sin hablar,
sólo por el hecho de poder olerte sin más
ni menos pretensiones.

Con las ganas secuestradas a veces.
Con el cabreo acostumbrado en los labios
y en el apretar de dientes que hace doler mi cabeza,
cerrar los ojos para no ver la utopía cautiva.

Y, aun así, me resisto a ser la manta
que decora mi sofá,
a morirme despacio y en lo oscuro
de una historia ya cansada de no hallarse,
el abandono de un te quiero amenazado,
condenado para nunca comenzar.

CARTA PARA JOEL, EN TIEMPOS DE CUARENTENA

Querido Joel, te escribo para que sepas
al menos, en los años por llegar,
que un día nos separaron
a cada cual, en cada casa o celda,
quien la tuviera.

Que alzaron muros en las calles
que marcaron el aíslo y sin distancia,
que el miedo se hizo pequeño, del tamaño
de un virus chico y tan grande
como las ganas de verte
tan inocente al dolor.

Que nos unieron pantallas y vi crecer
tus dientes aún de leche en internet,
y yo mojaba mi espera
en sueños de un todo nuevo.
Te vi correr para andarte salones de un solo paso,
mientras mis pies se dudaban
mañanas a caminar.

Que las vecinas andaban por una vez preocupadas
por qué comía el vecino.

Que se jugaba a la guerra en las teles
y en diarios,
que todas fuimos soldados,
efectos colaterales de su sistema fatal.

Que vimos cerca el colapso
y no fue como en el cine que una ola lo hunde todo,
que no hubo un fin que rotundo acabara en moraleja,
igualando el pobre al rico y haciendo justo al dolor.
Que pagamos como siempre la cuenta el pueblo de abajo.
Que no vi gobierno alguno que no disfrazara al lobo,
de la oveja que hace buena a quienes roban el pan.

Pero nacieron las ganas.
Siempre hay bocas que no callan a pesar de los pesares,
siempre hay manos que se ofrecen y ven luz en la tiniebla,
siempre hay quienes nos enseñan
abriendo nuevos caminos.

Y a mí me valió tu cara.
La esperanza de un futuro que no hipoteque la vida,
la siembra en riego temprano que sea en ti la semilla
de un mundo otro que beba
de tu risa en mi pared.

ETIMOLOGÍA

Normalidad. Del latín norma (regla), -alis (relación)
y -dad (cualidad)

Si la normalidad implica
la Regla que conduce
a la Relación como Cualidad,
volver a ella conlleva
hacer del ismo del Común
la corriente en que se ahogue
el ismo del Capital.

MAGEC

Magec se oculta en la nube
con la vista en el mañana
sin la prisa en que temprana
la esperanza al fin sucumbe.
Esa luz que es fiel testigo
de lo que no alcanzo a ver
que se aísla sin querer
morando en la casa ajena
sin encontrar la manera
de hacer mi país nacer.

NUNCA

No vas nunca a reconocer mi cara.
Ni aun pasando mil veces ante tus ojos,
jamás susurrarás en mis oídos cansados
de buscar tu nombre en los andenes,
en las barras de los bares que te debo,
en la piel de aquella noche en que no amé.

No sabrás de las historias que mi padre
repite sin cesar los viernes en la noche.

No te hablaré de mi abuelo,
las llaves que sonaban acechantes
en los pasillos eternos de un colegio por correr.
De la galleta obligada de mi abuela en el café.

Ignorarás los juegos que mi hermano
improvisara para ser, por otra vez,
el hada de la risa que me alaba.
El aire que llenara mis pulmones
de la vida que la dicha escabullera.

No vas nunca a ser, por ejemplo,
todo aquello que no supe que quería,
la carta ni por sombra imaginada
a unos reyes mauros que por magos
complacieran mis deseos más ocultos,
aquellos, que ni mi yo más mío
hubiere jamás ambicionado.

La mujer que no tendré de Pedro Guerra.

El Ojalá cansado de escaparse
a un destino tan proscrito de no ser.

PAPEL EN BLANCO

Así. En el blanco que todo lo aguanta,
sobre el papel que fue, unas veces
manifiesto altivo de ideas transitables,
otras, váter en que vomitar los miedos
que me agrían la garganta. Así,
me encuentro en el vacío
que nada puede.

PRÉNDELA

Préndela,
quema la zona prohibida que no te deja vivir,
da la luz que arde en todos los pretextos
a la excusa inventada para no exigir,
para no partir para siempre de este gris errado,
de la conciencia infinita que no nos deja dormir.

Deflagra cada una de las normas que limitan,
al borde de una línea mal pintada,
tus ganas locas de marchar y correr
sin rumbo fijo.

Incendia la miseria de ser parte sin parte
del modelo de su empleo cautivo,
de sus casas sin techo, su tierra en barbecho,
sus papas sin sal.
Inflama, sopla, alienta la llama que acaba
con su circo de animales,
su turismo de postales,
su dignidad en el desván.
Quema la mentira que nos ata:
de sus cenizas haremos
una verdad para andar.

QUIÉN DE TODOS ELLOS

Cuál de todos mis yoes caminan conmigo al caer del día.
Con cuál me quedo, aún sin quererlo, cuando nadie ve,
cuando otra sombra no quita luz
a la verdad que me ampara.

Cuál, a qué nombre se aferra aquello que sucumbe
a los pies de la cama que amortaja, mis sueños pocos.
Quién queda de aquellos que alimento a diario,
a los que pongo nombre, paseo por las redes,
invito a cenar con otras que a su vez
me presentan sus yoes sin reparo.
Cuál de todos ellos merece, por mérito propio,
llamarse con mi nombre. Besar a mi madre
el primer domingo de mayo,
llevar flores a la tumba de mi abuelo,
sacar a flote cuando nada importa
la sonrisa que me salva,
sarcástica mueca que dibuja, irónica,
la tristeza en que me bebo.
Quién queda, cuál esa manta que abrigue
el recuerdo en que seré.

Qué, de todo aquello que dijeron soy,
contarán de mí cuando todo acabe.
Cuando poco importe el que me crean o parecer
digno del respeto poco, capaz de conceder
cualquier hijo de vecino.
Qué parte poca, tan nada digna de estar,
quedará de esta suerte de huesos gastados.
Cuál el pelo que me salve por tener
alguno de tonto.

PERDIDA

Perdida.
Sola ante la vorágine de un mundo que no espera,
que no atiende a la razón tan a falta de sentido,
que se asoma de puntillas a las vías oxidadas
de un tranvía que extravía cada intento de volver.

Perdida.
Tan en busca de encontrarse que reinventa coordenadas,
tan en mapas sin tesoros enterrados en los mares,
tan cautiva de secretos en verdades tan banales,
tantos vales
que sin precio te vendiste a impostores de postal.

DIMITRI

Dimitri sabía bien que aquella mañana no duraría para siempre,
hubiera preferido un sol tímido al gélido aire que cortó su cara.
Aun así, no podía desperdiciarla,
se subió la braga hasta la altura de la nariz
y caminó rápido y seguro
como si tuviera un sitio al que regresar,
como si el sueño de su vida le esperara en una esquina.

Se fijaba en cada cara a su paso acelerado,
cada sonrisa grabada al fuego del frío,
mueca obligada de personas entregadas al qué dirán.
En la mano extendida en busca de la limosna
que aprovecha el mal tiempo como norma solidaria.
En los músicos que, afinando la desgana,
tocan la canción repetida una y mil veces para ser
agraciada en los oídos banales que prefieren la versión
a un buen tema original.
Sin apenas darse cuenta se encontró junto al Aguere.
No hacía más de cinco horas, tambaleándose,
había cruzado aquella puerta ahora desolada.
Aceleró el paso tan solo un poco más,
tal vez dejando atrás los ridículos de una noche
que nunca fue tan poco suya.

Al cruzar en Trinidad miró su reloj,
faltaban cinco para las once y entonces ya no tuvo duda.
Rio con el sarcasmo de quien cae en la cuenta
que justo para la huida es cuando fue puntual.
Caminó ahora más tranquilo hasta el semáforo
deteniéndose por fin ante el verde intermitente,
y al rojo de la señal avanzó hacía el monstruo de metal,
que, aunque lento,
por una vez cumplió en hora el cometido.

VISITADO SIN MI

Para cuando me acordé de ti,
cuando retuve de nuevo
el gusto agridulce de tu lengua
en mi boca,
ya te habías ido sin marcharte.
Ya habías recorrido los desiertos de Atacama,
visitado sin mí
las ruinas incas del Perú,
devorado salchichas con pan en Alemania del Este,
sacado fotos en la Francia de Godard.
Escrito postales sin remites en la plaza de Moscú,
escupido en las iglesias ortodoxas de Estambul
y, aun así,
estabas aquí. Mirando mis ojos que olvidaban hablar.
Explicarte que está seco el río que remonta su caudal
y que hay veces que un deseo
no justifica un comienzo.

PREFERIR LA MAGUA

Quedarse con las ganas,
aguantarse en la puerta y sin entrar
mirar como queriendo no hacerlo,
disimular el desconsuelo, hacer
como si no te importara ser parte
de lo que ocurre al otro lado, al quicio
del abismo de encontrarte.
Preferir la magua, al riesgo de ser
rechazada a un paso del intento.
Priorizar la ilusoria fantasía de elegir,
para obviar la evidencia certera
de que otras deciden por ti.

QUIETUD

Ahora, en este preciso instante,
en el momento en el que veo pasar
la nada ante mí,
quedo seguro en la espera
de que algo pase de pronto.

Un breve aliento en la mañana
de la boca de tu nombre,
el arrullo leve y sutil
de una cuna en el arrollo
del río que hoy aguarda.
La luz tenue, naranja y anodina
que aun pareciendo oscuridad
deja entrever la esperanza.
Un apenas recuerdo de este ayer
en que la espera era eterna, en la locura
del desaliento maldito
de la quietud en el estar.

DESVARÍO

Si te digo no me importa y es mentira,
cuando amarro en ti mi amparo y es crueldad,
donde busco si hay camino
y es quebranto,
cuando gano si extravío una venganza
si acaricio compañía en soledad.

Si me caigo aún en la cuenta sin contarnos,
cuando es carga en el desgarro y no me ves,
donde ofusco mi conciencia
y es anhelo,
cuando pierdo si avecino un día bueno
si confundo tu alegría que no es.

Si te digo que me importa y es dolencia,
cuando pienso que me creo y no es verdad,
donde grito no hay destino
y él me encuentra,
cuando sueño y no es noche que despierta
si asesino con un beso esta maldad.

SIN TINO

Un día cualquiera,
de esos letargosos y soleados días
contados con los dedos de una mano,
extraños días de sol en este valle nublado,
un día de esos, llegó a mi puerta.
Yo no la esperaba.
Quizá algún día sí lo hice, pero lo olvidé tal vez
como olvido a diario cómo se llaman mis amigos,
los números que no anoto
para ahogar las ganas de que sean llamados,
o las caras de la gente que un día fueron
sonrisas amables en las citas con té.

El caso era que yo no la recordaba.
No había atisbo frugal
de que su ausencia temprana me hiriera la piel,
provocara la sequía en mi boca,
el tiemble en mis manos,
mis ansias de fe,
pero llegó a mi puerta.

Tocó suave
como se dan las noticias que causan dolor.
Primero despacio y con cuidado,
luego subiendo un poco el tono, para acabar
golpeando en la oreja como un hacha rota.

Entonces miré con la puerta entreabierta
y su sombra se coló por entre la rendija,
segura y fatal,
trepándome por los pies
Y dando olor a mi ropa.
Quedé sin tino atrapado
hediendo a la soledad.

EL VÉRTIGO Y LA VELETA

Me olvidé decirte ayer
que desayuné el huevo duro que me sobró y sin café,
que no le eché sal como siempre,
porque leí por ahí que a partir de los cuarenta
la tensión nos mata más que toda falta de ella,
que se prescinde el volar,
que importa poco el deseo y menos aún su querencia,
que importa más dejar herencia
que soñar con heredar.
Que empezamos a pensar poco más en lo que queda
que en lo que está por pasar.

Y hasta me olvidé decirte,
que no reniego a la vida porque respiro inconsciente,
porque se me mete el aire en el pecho y sin permiso,
porque no presenta aviso, ni la instancia recurrente
con su firma y sello adscrito.
Porque es más fácil la inercia que dejar de respirar.

Y aún me queda por decirte,
que ayer me noté de nuevo el hilo en mano y cometa,
que hasta rocé con los dedos el vértigo y la veleta
rotando al viento sin suerte
ni vuelo a un claro destino.
Me olvidé decirte al caso, que ayer fui niño contigo.

SOMBRA

Sombra oscura que amaneces en mi cama,
me acaricias despacio marcando el ritmo
de la ausencia temprana
que me incita a despertar.
Besas mi frente apenas,
tu boca se abre humedeciendo mis ojos,
empapando mis manos vacías de miradas
trémulas, esperando ansiosas
una excusa en que arraigar.
Sombra oscura que sofocas mi alegría,
sé la guía que me obligue a no olvidar.

CASI CÉSPED

Antonia nunca supo bien
sentarse en la silla coja y verde
que llevaba años afuera, en el patio,
sobre la hierba mojada
que nunca quiso arrancar.
De niña, cada mañana la veía crecer
rogando luego en la escuela
por encontrarla altiva, fresca
engreída de vida ante un sol castigador,
habiendo sobrevivido a la tijera del abuelo
que al contrario que Antonia,
no soportaba su anárquico medrar
haciendo resbalosa la entrada de casa.

Le gustaba compararse
con aquella suerte de mata, casi césped,
pero de pobres sin jardín.

Sentía la doble hoja, fría y oxidada
sajándole la garganta
en el grito inquisidor constante y tenaz,
cada vez que pensaba por sí y sola.
"Antonia vístete bien que pareces una puta."

"Antonia cierra las piernas
que pareces un varón."
"Antonia que tú te calles, qué me sabrás tú de eso."
"Antonia te tengo dicho que primero has de crecer."
Y Antonia sufrió la poda de la cabeza a los pies.
Enderezada, como el surco firme y derecho del mago,
que sabe que no hay dinero si la papa está bichada.

Tal vez por ello se negaba a pisar, silla mediante,
aquella hierbita errante, que elegía su camino
sin miedo en el divagar.

AIRE Y ARENA

A lo sumo queda nada
bajo la arena del desierto que me ampara.
Entre los dedos de mis pies se rompe
la esperanza de encontrarte,
como un grano de arena
perdido en mi playa.
Tú eres el soplo. Yo,
la cometa dejándose ir.

SU ÚLTIMA FRASE. EL FACEBOOK DE UN MUERTO

«Porque ¿han visto algo que más hable de un muerto
que, al entrar en su cuarto, ver la cama en desorden,
ver la cama vacía?»

Chona Madera,
poeta canaria 1894 – 1980

El Facebook de un muerto
permanece a la espera de la entrada
que explique
el porqué de su ausencia, las fotos
de ese último viaje al destino exótico
lejano como ninguno,
turista sin retorno
a un lugar carente de cobertura
que haga posible su último post.

Imperecederas quedarán
las tostadas con jamón y corto el café
del brunch del domingo,
las gafas de sol sobre la mesa, sutiles
puestas como casi sin querer
del selfi de ayer,
cuando nada predecía el fatal desenlace.

Inacabada,
la discusión que nunca pensó fuera
su última frase.

Y UN DÍA ASÍ

Y uno se cansa un día así
de seguir riendo gracias por doquier,
de estrenar sonrisas a las seis de la mañana,
un buenos días señor ¿Qué tal su espalda?
del no hay de qué
y un por favor tan a golpe de cartera.

Y un día así uno se sorprende
acudiendo sin careta a su baile de disfraces,
caminando por su fiesta sin un traje que lo aguarde,
de acabar dando la hora sin un reloj de pared.
Y de repente te reconoces siendo libre para ser
o no ser según tus preferencias,
el día que te parió ese domingo temprano,
la sonrisa que encontraste sin querer en el café
o la luna que no en vano se hace redonda en el cielo.

Te reconoces en los espejos,
encuentras talla para tus pies en el zapato prestado,
caminas por el andén de los trenes que se fueron
y te sientas a esperar, nervioso aún por la cita
tan esperada contigo.

EXTRAVIARTE EL RASTRO

Miraba siempre hacia atrás
como temiendo extraviarte el rastro.
Pensó incluso alguna vez
recurrir al tradicional desastre
de ir dejando miguitas de pan
para perderse sin remedio.
Sabedor al fin
que bien un pájaro hambriento por días,
un chiquillo travieso de sonrisa atravesada
o el aire caprichoso que todo lo vuela,
tarde o temprano acabaría con la guía
de harina, sal y levadura horneada.

Luego pensó que no podía olvidarse
algo tan necesario para la vida
como rozarte la cara.
Buscarse en silencio en tus ojos cansados
a punto del diluvio diario,
como si limpiarlos fuera norma
para poder seguir mirando al mundo de frente,
como si creer dependiera
de la lágrima rota que las ganas te lavaran.

Y así, convencido de volver a ti,
descansó aliviado al pie del camino
que dejaba atrás tu puerta.
No en vano el sendero de encontrarse,
dicen las antes que acaba
regresando siempre a casa.

YO TENGO UN PAÍS

Yo tengo un país chiquito
que no cambia de nombre según sople el viento,
un país de islas rocas que sigue siendo
pague quien pague, a los ojos de cualquiera,
a pesar de las manos que paseen por mi espalda,
a pesar de los besos que babeen mis mejillas.

Yo tengo un país que heredé de mis pies
andando los barrancos que pisaron mis abuelas
de los cantos que habitaron mi niñez, en las fiestas
que bailaron orgullosas las vecinas de mi barrio,
en el café azucarado que esperaba la visita segura
los domingos en que el sol, era una mentira
que nadie esperaba.

Yo tengo un país menudo, casi transparente
que pocas ven. Que pocas creen en realidad
más allá de intereses concretos.
De banderas rentables a veces
y escondibles las que más, en pro de otras
a priori más pasables, más golosas a los ojos
que prefieren mirar lejos para no ver,
que venden sin reparo, este chinijo país,
que dijeron defender.

TAN LLENO DE NADA

Casi imperceptible,
inapreciable al oído que la elude,
es la nada que me habita en las entrañas.
Nada. Vacía oscuridad que come, famélica,
las verdades que agolpaban en mi espalda.

Ausencia de ser que supe había, un día
casi por inercia, habitable sin cédula
que legalizara en mi país corpóreo
su derecho a estar, como si tal cosa.
Si fue, ya no es así. Con el *porque sí*
de las cosas que decimos saber que son,
aún sin tener idea alguna de por qué fueron.

Nada. Tan cansada de mí, que busca ir
al encuentro de otro yo menos henchido
de la nada en que me encuentro siendo hastío,
tan repleto de la nada que me dieron.

TAPALUZ

Bajo el ala negra de la más lúcida veracidad,
las nubes no dejan ver con claridad
los pocos rayos, de la luz tardía,
que sobrevive a las ventanas.

TU LENGUA ME HABLÓ EN MI ACENTO

En Buenos Aires el cielo, que me leyó
en el silencio
los renglones que perdieron
una bala en cada dios.

En Uruguay la esperanza ligando frio con celo,
el gris apuntando el suelo, la grapa
fría en la sien.

En Bolivia la osadía, el color
que pinta el negro,
el aire ausencia en la boca,
la hiel respiro en la piel.

Santiago de sangre seca, a golpe
en golpe de muerte,
a tiempo inerte en la arena,
a sal de calle y de mar.

Tu tierra me supo a casa,
tu lengua me habló en mi acento,
lamiste a punta de diente, arrancando
sin cuidado, la venda que me cegó.

OLOR A PAN

"O sea, entonces que el tango,
todo el tango,
toda esa fuerte, sabia, despelotada cosa,
se inventó para mí".

Humberto Costantini

A medio camino
entre el mercado de abastos y el candil
que te iluminó por un momento la cara,
me dejaste en la sombra
de aquel sol que nos sobraba.

Adoquines al punto exacto de lluvia,
y un bandoneón que me hacía creer
que el tiempo supo al fin
caminarse hacia detrás.
Y yo, cautivo del engaño sin remedio
me di a la búsqueda de tu nombre
en los versos de Gardel,
en cada sorbo amargo que no pude renegar,
con el frío en los huesos,
y el silbido sutil
de tu ausencia en mi recuerdo.

Y te lloré aún sin conocerte,
sin intuir tu nombre en los días que vendrán,
sin el olor a pan de tu pelo en mi memoria,
sin la risa cautiva
que aún no suena en Zitarrosa.
Al ritmo constante y lento,
en los tres minutos pocos
 de un tango gris de mi ayer.

BARRO Y ALMA EN EL FOGAL

Agua y arena en las manos, al pliegue del dedo
en forma de garfio, para aruñar despacio
con la calma de las casas que empiezan de abajo,
ladrillo a ladrillo temprano después del café
y la mirada extraviada en la vereda por andar.

Naufragar el aliento en la sangre del barranco.
Nadar por sus venas de tierra al igual
que nuestras antes surcaron. Flotar
en el olor al barro extraído del país
que nos robaron al toque de un desgarro en la piel.

Construir, en la línea del almagre el hogar que yace
bajo el cielo que hoy pisamos.

Aletean en el aire musgo y artemisia
aderezando la magia, que con magua de la naga,
en lento aliento de brezal
el fogal guisa.

AL SOCORRO DEL DÍA

Cae la noche al Socorro del día,
y callan los megáfonos amenazantes, al paso
de la sirena azul que limpia con su cola
un resto de vida rezagada.
Siluetas en el mar oscuro
de un verano que se niega a morir
a pesar del bozal en bocas
de animales permitidos,
de humanos domesticados
con el miedo a no vivir,
no obstante, del hedor a cementerio.

GRAVEDAD MEDIANTE

Roja la boca manchada en sangre.
mordedura tenaz a encía entera,
saliva salpicada entre los dientes
por no decir,
por callar la palabra certera
que acabara con todo.

Tragarse a cachitos pequeños,
bien cortados para no enyugar,
el poco orgullo ya sobrante en el recuerdo,
las gotas de autoestima evaporada
al fuego lento y voraz del fracaso constante.

Coser a puntadas el labio inferior a la nariz,
que no se escape el respiro,
el suspiro exclamado en la esperanza
de mañanas posibles,
que no te repugne el olor al punto
de transgredir el edicto.

Coger con tu mano diestra, firme
determinada a obedecer,
tu mano izquierda proscrita.
Llevarla lenta pero segura,
al borde de la urna escogida
y dejar, gravedad mediante, caer
la opción menos mala,
la derecha amable en forma de voto.

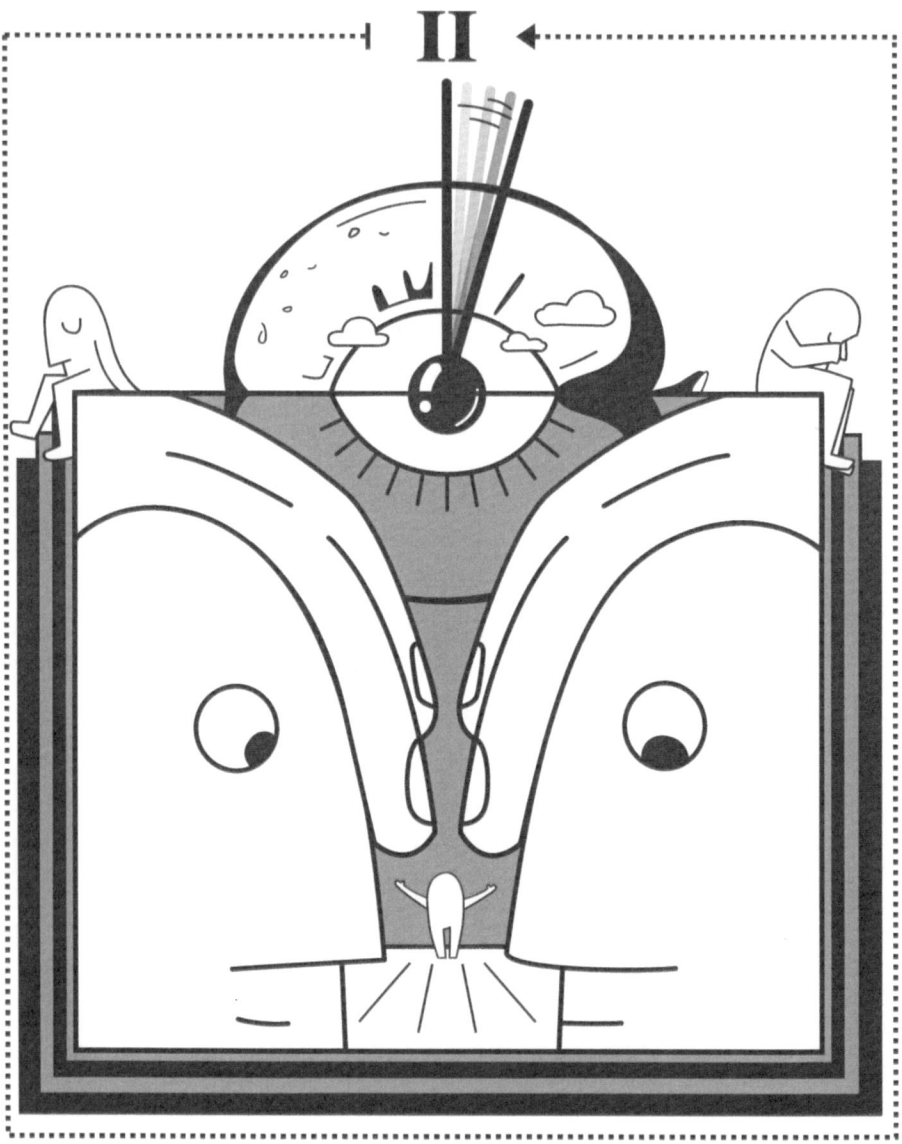

UNA JÍCARA DE LUZ

Sigo esperando el minuto que cambie todo.
El gesto vano y sutil en que inicia el recorrido,
la mirada cómplice, tal vez tímida, coartada
que nos lleve de a una al común que responda
al dolor que nos separa en soledad.

Sigo pendiente a la señal,
la contraseña ridícula y exagerada
que aún absurda, marque el momento preciso,
la hora en la que sea el nada por el todo,
las miserias del hoy por la fe de tu mañana,
la excusa que nos ampare,
una jícara de luz.

Sigo buscando el sabor en los frutos que te labro,
el riego fino y mimoso en el que mojo el deseo,
la poca tierra en que planto belleza nueva en lo viejo,
la hierba fuerte que nace al borde del basural.

Sigo esperando te advierto,
soy algo más que evidencia de un cuerpo inerte en espera,
camino a la vez que acecho y quien busca suele encontrar.

TU NOMBRE A LA HORA

Tu nombre a la hora de marchar,
de cerrar la puerta e irte, a prisa,
como queriendo no encontrar en el rellano
a tu yo de ayer tan suya, tan llena de nada,
tan incómoda por ser, sin importar lo que sea.
Tan todo, que llenarse de algo no era la meta
del pretendido caminar a la orilla del sistema.
Tan de nadie. Enseñando sin querer
a soñar sin esquemas.
A mendigar con orgullo de clase
la pretendida renta que nos deben.
A llenar los embalses de saliva, a escupir
a la cara del padre los poemas de salida,
la escapada perfecta jamás trazada
para seguir viviendo sin más
ni menos pretensiones.

Para seguir así, como respira el niño
que no sabe que existe un tiempo exacto
para dejar de hacerlo.

LA VIDA SE QUEDA CORTA

La vida no nos basta, se queda corta.
Es por eso que escribimos,
para inventarnos una mejor
o al menos una,
que merezca ser mentida.

POR BOCA DE OTRAS

Vinieron de cada esquina
del mundo de arriba, el lugar
que no pide permiso para andar,
haciendo suyo tu pan, altivo por casa ajena.

Llegaron con mil trajes, distintas sonrisas
marcadas en caras extrañas.
Vinieron calladas y a gritos, acentos
de colores y tan grises
que escupieron mi rostro al hablar.
Me llamaron por otros nombres
y casi nunca por el mío.

Vinieron sin plantearse su llegada.
Sin valorar que flores viejas pisarían
sus suelas grandes y foráneas,
que flores nuevas dejarían de salir
aplastadas por sus pies.
Borraron los caminos que las antes anduvieron,
sacudieron el polvo de la senda del ayer
desdibujando las líneas
que trazaron el legado. Hablaron,
pero sin nunca escuchar.

Llegaron recolectoras.
Recogieron la cosecha de otras manos,
rindieron los surcos rectos y largos
que las espaldas cansadas abrieron
a golpe de sacho,
y sembraron la semilla de la duda
que hoy nos guarda.

Nos enseñaron a cuestionarnos aún
sin llegar a conocernos.
Incertidumbre al creer que ser,
pasaba por seguir siendo en la boca de otras
que nunca somos nosotras.

Nos convencieron del privilegio
de ser esclava a mesa puesta, de entrar
por la puerta de otra y con disfraz
a una fiesta no invitada.
La más blanca entre las negras,
la más rica en la pobreza,
la más nadie sin nación.

ÍNDICE